ANIMAUX

1. À quel groupe d'oiseaux le grand corbeau appartient-il ?

A Les rapaces.

B Les passereaux.

C Les pics.

2. Classe ces 3 oiseaux du plus petit au plus grand.

A La corneille noire.

B Le corbeau freux.

C Le choucas des tours.

SCIENCES

1. Quel mot désigne les insectes mangeurs de bois ?

A Xylophages.

B Xylophones.

C Nécrophages.

2. Comment appelle-t-on l'ensemble des êtres microscopiques qui vivent en suspension dans l'eau ?

A Le plancton.

B Le phytoplancton.

C Le zooplancton.

ANIMAUX

1. Comment se déplace le crapaud ?

A Il saute.

B Il marche.

C Il court.

2. Pourquoi le lièvre variable mange-t-il ses crottes ?

A Parce qu'il n'a rien d'autre à manger.

B Parce que ça l'aide à bien digérer.

C Parce qu'il mange de tout.

LES RÉPONSES DE SAM

1. B Les pattes arrière du crapaud sont courtes pour marcher, contrairement à celles de la grenouille qui sont longues pour sauter.

2. B Le lièvre variable se nourrit d'herbes sèches, de bourgeons et de ses premières crottes molles. Une fois son repas digéré, il fait des crottes rondes et sèches, qu'il ne mangera pas.

LES RÉPONSES DE SAM

1. A Les insectes mangeurs de bois sont xylophages. Un animal « nécrophage » se nourrit d'animaux morts.

2. A C'est le plancton. Le phytoplancton désigne seulement les végétaux microscopiques. Le zooplancton regroupe les animaux microscopiques. Le plancton réunit les deux.

LES RÉPONSES DE SAM

1. B Le grand corbeau est le plus gros des passereaux. Comme la mésange, il a 4 doigts sur chaque patte : 3 à l'avant, et 1 à l'arrière.

2. C B A Le choucas des tours, le corbeau freux et la corneille noire sont tous les trois des corvidés, comme le grand corbeau.

SOMMAIRE

N° 158 · février - mars 2025

Qui se réjouit des gouttes de pluie ?

Va vite page 25

+web salamandrejunior.org

Ce logo indique qu'une surprise t'attend sur le site : vidéos, sons, défis à relever, activités à télécharger…

Zoom de saison

LIÈVRE VARIABLE
roi du camouflage

BOÏNG ! BOÏNG !

Le lièvre variable ne marche pas, il bondit ! Il déplace d'abord une patte avant devant l'autre, puis pousse fort sur ses pattes arrière. S'il repère un prédateur, il zigzague en bondissant dans tous les sens pour le semer.

DES CROTTES AU MENU

Le lièvre est herbivore : il se nourrit de bourgeons, d'aiguilles de pin, d'herbes sèches, et même parfois de branches fines. Après son repas, il fait des crottes molles... qu'il mange ! Cela l'aide à bien digérer. Ensuite, il fait des crottes rondes et sèches.

POIDS PLUME

Les premiers levrauts naissent au printemps, mais leur mère peut avoir jusqu'à 3 portées de 2 à 4 petits dans l'année. À leur naissance, les bébés sont tout gris et ne pèsent que 90 g (plus léger qu'un pot de yaourt) !

Messages entre Sam et Lièvre variable, aujourd'hui 8h05

Sam
Hé ho, y a quelqu'un ? Où es-tu, Lièvre variable ?

Lièvre variable
Salut Sam ! Regarde, je bouge mes oreilles, j'avance mes pattes avant et hop, je bondis vers toi...

Sam
Quel saut ! Tu étais bien caché... 😲

Lièvre variable
C'est grâce à ma fourrure d'hiver. Toute blanche, elle se confond avec la neige. Mais elle est aussi très épaisse. Pratique pour rester bien au chaud...

Sam
Mais au printemps, quand la neige aura fondu, tu seras repéré de loin !

Lièvre variable
Mais non, car je change alors de « manteau ». Je perds mes poils blancs et je les remplace par des poils gris-brun. Idéal pour me camoufler parmi les rochers et les herbes sèches.

Sam
Ah, voilà pourquoi tu t'appelles Lièvre « variable »... Dis, tu m'emmènes chez toi au chaud ? Mes pieds sont glacés... 🥶

Lièvre variable
Je n'ai pas de terrier. Je préfère me blottir contre un rocher ou même dans la neige...

Sam
Quel est ton secret pour te déplacer sur la neige sans t'enfoncer ? Moi, je suis obligée d'avoir des raquettes...

Lièvre variable
Mes pattes sont larges et poilues. Mes doigts s'écartent beaucoup. Grimpe sur mon dos, on part en rando !

Sam
Génial ! Merci Lièvre variable.

Voici mon manteau d'été !

Il te faut

2 œufs

25 cl de lait

100 g de sucre en poudre (cassonade)

1 noix de beurre

4-5 tranches de pain rassis

défi 1 CUISINER du pain perdu

Ne jette pas ton pain dur ! Prépare plutôt ce dessert antigaspi : c'est facile et c'est trop bon !

1. Mélange œufs, lait et sucre dans un saladier.
2. Trempe chaque tranche de pain dans ta préparation. Laisse-la bien s'imbiber.
3. Avec un adulte, fais cuire à feu doux les tranches dans la poêle beurrée : 5 minutes pour chaque côté.
4. Saupoudre d'un peu de sucre. C'est déjà prêt ! Régale-toi au petit-déj, au goûter ou en dessert. Miam !

Astuces

- Utilise au choix baguette, pain de mie, brioche et toutes sortes de vieux pains.
- Essaie aussi dans un plat beurré au four à 180 °C plutôt qu'une poêle.
- Savoure ton pain perdu avec du sirop d'érable, de la compote de pomme, de la crème chantilly, une boule de glace à la vanille ou de sorbet poire.

défi 2

FABRIQUER
une mangeoire à écureuil

C'est la période des naissances chez les écureuils. Offre-leur un distributeur à graines sur mesure, spécial antichapardeurs !

Il te faut

planches en bois non traité de 2 cm d'épaisseur

vis à bois (25-30 mm de long)

morceau de plexiglas (9 cm x 10,4 cm)

scie

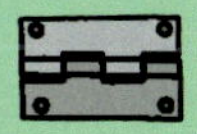
charnière

mètre

tournevis ou visseuse

crayon

fil de fer et pitons (fixations)

1. Avec un adulte, scie les planches aux bonnes dimensions, comme ci-dessous. N'oublie pas les rainures de 2 mm de profondeur à faire sur les côtés avec la scie.

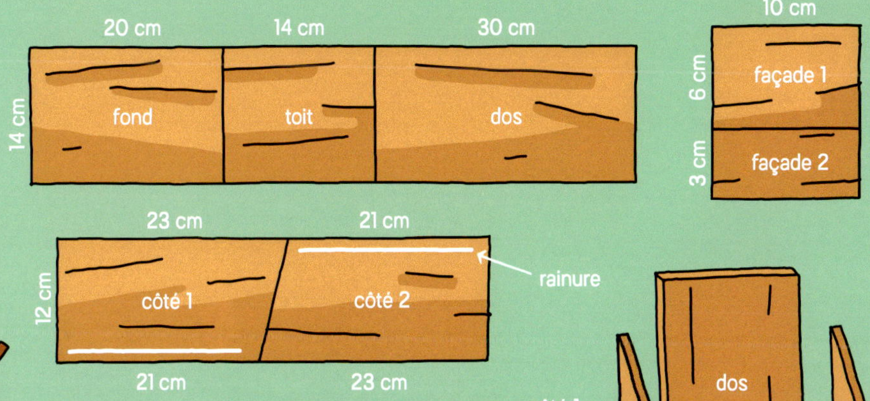

2. Assemble le dos et le fond avec des vis, puis les côtés et la façade 1.

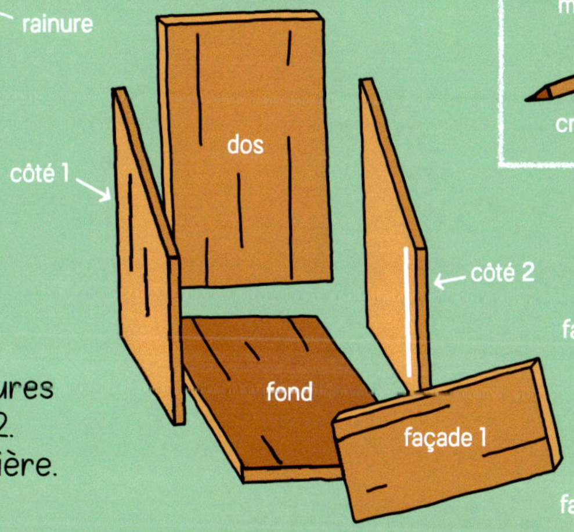

3. Glisse la plaque de plexiglas dans les rainures des côtés puis fixe par-dessus la façade 2. Enfin, fixe le toit au dos avec vis et charnière.

4. Remplis de noix ou noisettes et demande à un adulte de fixer la mangeoire sur une branche à 2-3 mètres de haut.

Grâce à cet accès par le haut, les oiseaux ne pourront pas chiper les noix.

Astuce

- N'installe pas ta mangeoire sur un arbre isolé, ni proche d'une route.
- Choisis un arbre connecté avec une haie, hors de portée des chats.
- L'écureuil doit pouvoir se déplacer sans mettre patte à terre.

SURPRENDRE
un triton la nuit

défi 3

Le soir, visite une mare avec une lampe torche : tu verras peut-être un triton. Après avoir passé plusieurs mois de vie terrestre, le voici de retour dans l'eau pour se reproduire.

GUETTER
le cincle plongeur

défi 4

Même pas froid !
Alors que tout est gelé sur les berges, le cincle plonge dans les tourbillons d'eau glacée des rivières peu profondes et caillouteuses. Son but ? Rechercher des larves aquatiques.
Regarde : il marche au fond de l'eau !

PHOTOGRAPHIER
une sculpture glacée

défi 5

Promène-toi le long des ruisseaux quand il gèle fort : les rameaux qui pendent au-dessus de l'eau sont parfois emprisonnés dans un manchon de glace à la forme rigolote et cristalline. Clic, une photo !

défi 6

ESSAYER
des jumelles

Les arbres n'ont pas encore leurs feuilles, c'est le moment d'admirer les premiers oiseaux qui chantent.
Observe-les avec des jumelles, tu verras, c'est pratique.

défi 7

VOIR un combat de boxe

Balade-toi dans les champs, c'est la période du bouquinage : le lièvre est amoureux ! Les mâles, appelés bouquins, cherchent les hases (femelles) qui parfois les boxent pour les chasser, car ils sont trop casse-pieds !

SAVOURER une violette

défi 9

Mmh, quel parfum ! En plus, ces fleurs comestibles peuvent être ajoutées dans les salades ou les desserts.

TROUVER des provisions germées

défi 8

Dans les bois, écureuils et geais ont enterré des tas de noisettes, de faînes (les fruits du hêtre) et de glands en guise de réserves pour l'hiver. Dans les cachettes oubliées, les graines ont germé, comme cette plantule de hêtre ! De futurs arbres commencent à pousser serrés sur quelques centimètres.

INSPECTER une bûche

défi 10

Examine les morceaux de bois destinés à la cheminée. Tu vois ces gravures ? Ce sont les larves des insectes xylophages, c'est-à-dire mangeurs de bois, qui ont creusé ces galeries.

+web salamandrejunior.org

Poste les photos de tes défis !

Conception : David Melbeck. Illustrations : Sébastien Touache. Photos : © Ruckszio (p. 8h), © Simone (p. 9b) – Adobe stock © David Melbeck (p. 8m, p. 9h).

GRAND CORBEAU GROS CERVEAU

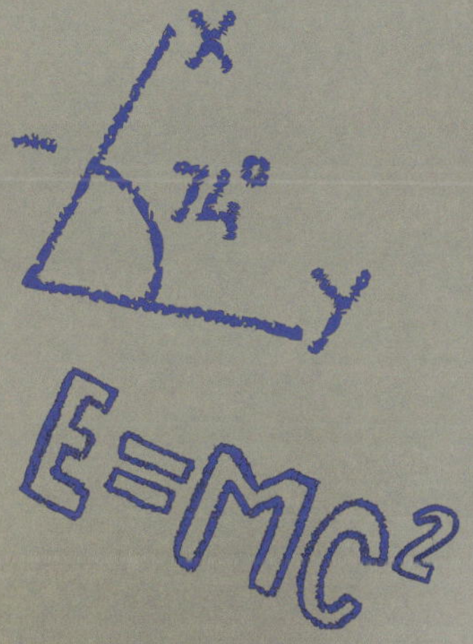

Son « krôa krôa » est légendaire. C'est le cri du grand corbeau. Vaguement inquiétant ? Il n'y a pas de quoi : ce grand oiseau, que l'on trouve dans la plupart de nos régions, vit tranquillement dans ses rochers…

Avec son vol puissant, son intelligence remarquable et son langage perfectionné, il s'adapte facilement aux changements et fourmille d'idées. Une tête bien pleine pour un grand corvidé !

GRAND CORBEAU

Espèce : *Corvus corax*
Classe : Oiseaux
Ordre : Passeriformes
Famille : Corvidés
Longévité : 15 ans • **Poids :** 1,5 kg
Habitat : parois rocheuses (côtes ou montagne), forêt

Photos : © tom – Adobe stock (p. 10-11).

Un dossier écrit par Cécile Couturier.

IMPOSANT ET SAVANT

Tout de noir vêtu, le grand corbeau a des reflets irisés, des plumes qui se redressent et… un gros cerveau.

BARBICHETTE

Plumes du cou longues et fines qui peuvent se redresser.

REGARD VIF

Œil rond quasi collé au bec, iris noir.

GRAND BEC

Noir et légèrement arqué. Solide et acéré, il permet à cet omnivore de découper des grosses proies (oiseaux, mammifères) ou des branches mais aussi de picorer des graines et des insectes.

LONGUE CULOTTE

Plumes du ventre descendant sur le haut des pattes.

GROSSE TÊTE

Cerveau imposant. Il pèse environ 14 g : par rapport au poids total de son corps, c'est beaucoup !

CORPS MASSIF

C'est le plus lourd des passereaux (groupe des moineaux).

HABIT NOIR

Plumage tout noir avec des reflets bleus ou violets.

GÉOMÉTRI-QUEUE

Queue en forme de losange quand le grand corbeau vole.

Ne pas confondre !

Il n'existe pas un mais des corbeaux. Voici comment les reconnaître.

CHOUCAS DES TOURS

- **rondouillet, dos gris, yeux bleu clair ou blancs**
- **surtout en ville (dans les creux des platanes)**

CORBEAU FREUX

- **front bombé, bec gris et sans plumes**
- **à la campagne (dans les champs) et en ville**

CORNEILLE NOIRE

- **bec plus petit, tête aplatie, queue droite**
- **à la campagne (dans les plaines)**

GRAND CORBEAU

Le plus grand de la famille !

DES IDÉES PLEIN LA TÊTE

Hyper intelligent et très observateur, le grand corbeau invente facilement des solutions et élabore des plans savants. Un vrai chercheur sur pattes...

TRÈS CURIEUX...

Pourquoi **le grand corbeau tournoie**-t-il dans le ciel, tel un rapace, ou reste-t-il perché en haut d'un arbre ? Pour scruter le terrain avant d'aller **chasser ou picorer.** Certains **surveillent les routes** : quand une bête se fait renverser par les voitures et meurt, les corbeaux en font leur repas. Ainsi, ils font vite disparaître les cadavres du paysage.

FIN STRATÈGE

Quelle tête bien faite ! Le grand corbeau est capable de **se projeter dans le futur...** et de s'organiser des heures à l'avance. Il peut ainsi ne pas se jeter sur un repas, s'il sait que plus tard, il aura davantage à manger ! En tout cas, c'est ce qu'ont montré des scientifiques sur des corbeaux en captivité. Mais ce n'est pas encore prouvé dans la nature... Malin, le grand corbeau **guette le moment idéal** pour dérober des œufs laissés sans surveillance.

COUSIN GÉNIAL

Le grand corbeau a un cousin lointain, en Nouvelle-Calédonie, qui non seulement se sert d'outils (brindilles, épines) mais sait aussi en fabriquer.

CHASSEUR EFFICACE

Le grand corbeau est en partie nécrophage. **Se nourrir de cadavres, c'est malin** : en hiver, il n'y a pas grand-chose d'autre à se mettre dans le bec… En plus, il avale en même temps insectes et asticots, pleins de vitamines. Une autre idée du corvidé pour **manger sans se fatiguer** ? Regarder d'autres grands corbeaux cacher leurs victuailles… et revenir, plus tard, **piocher dans leur réserve.**

COLLECTIF MAIS PAS TROP

Ce corvidé préfère vivre **seul, en couple, ou en famille.** Mais en hiver, il peut rejoindre un groupe. Par grand froid, il y a peu de nourriture… alors **les grands corbeaux se retrouvent là où il y a de quoi manger.** Mais le grand corbeau est loin d'égaler son cousin, le corbeau freux : ce dernier passe l'hiver dans des colonies de plusieurs centaines, voire plusieurs milliers de membres.

LE MOT SAVANT : NÉCROPHAGE
qui se nourrit d'animaux morts.

Le grand corbeau n'est pas seulement nécrophage, car il chasse aussi, et se nourrit de fruits, de graines ou d'insectes.

BAVARD ET BRILLANT

Le grand corbeau est un grand bavard.
Il a plus d'une phrase dans son bec !
Il sait même parler avec son corps... Viens l'écouter !

TU KRÔASSES ?

On connaît bien son puissant « krôa-krôa-krôa ! ». Ce croassement est son cri le plus connu. Mais le grand corvidé a toute **une palette de signaux pour communiquer** : cris rauques ou plus aigus, très forts ou discrets, sons graves ou mélodieux... souvent répétés 2 ou 3 fois. Sacré répertoire !

DRÔLE D'OISEAU

Doté de **talents d'imitateur,** le grand corbeau peut reproduire des sons de son environnement et les cris d'autres espèces d'oiseaux. Pour quoi faire ? Les scientifiques n'ont pas encore percé ce mystère... Le grand corbeau est aussi **très joueur** : il marche et tout à coup se met à sautiller, glisse sur des pentes enneigées ou fait des acrobaties aériennes.

PAR ICI, LES AMIS !

Le grand corbeau chante parfois pour le plaisir. Mais quand il crie, c'est surtout pour **alerter** les autres en cas de danger ou **« marquer » le territoire** de son empreinte vocale... Pourquoi crier quand il a trouvé une carcasse ? Peut-être pour rameuter les grands corbeaux du coin. Le grand corbeau adopte ainsi parfois des comportements grégaires.

ME VOILÀ !

Le **langage du corps,** le grand corbeau maîtrise aussi. Pour impressionner un intrus, l'oiseau adopte une posture spéciale : fier, tendu vers l'avant, il **hérisse les plumes** de sa gorge et **laisse couler sa salive** pour les faire briller… Si un éventuel prédateur s'approche du nid alors que la femelle couve, le mâle donne l'alerte **en battant des ailes nerveusement**. Et pour le faire fuir, il s'approche et arrache des touffes d'herbe en signe d'agressivité…

VENTILATEUR

S'il a le bec ouvert, c'est pour parler… ou parce qu'il a trop chaud, comme d'autres oiseaux ! En entrouvrant ainsi le bec, il fait entrer de l'air et se rafraîchit plus rapidement.

LE MOT SAVANT : GRÉGAIRE

qui vit en groupe.

Le grand corbeau a des comportements grégaires, surtout chez les jeunes. Mais beaucoup moins que d'autres corvidés.

VOLTIGEUR DE GÉNIE

Quelle inventivité ! En amour aussi, le grand corbeau a plein d'idées. Regarde comme les amoureux dansent dans le ciel... Des figures de haut vol !

ÇA DONNE LE VERTIGE !

Pour la parade nuptiale, en janvier-février, les amoureux font **d'extraordinaires pirouettes** : ils se lancent dans des voltiges aériennes, volant dans tous les sens. Parfois l'un **se laisse tomber dans le vide à l'envers,** sur le dos, et l'autre le retient par les pattes ! Une fois cette parade amoureuse terminée, le couple ira aménager le foyer.

DES PRÉDATEURS ?
Ils sont rares. Mais les jeunes corbeaux peuvent être la proie de rapaces, de la martre, du lynx ou du chat.

LE MOT SAVANT : PARADE
ensemble de comportements réalisés pour séduire son partenaire.
Chez les grands corbeaux, la parade se compose de danses aériennes ou encore de courbettes au sol.

POUR LA VIE

Le grand corbeau reste **fidèle** à son ou sa partenaire **toute sa vie.** Le couple reste aussi sur le même territoire… quand c'est possible. Mais, si des randonneurs passent près de son nid, il peut se sentir menacé et déménager.

NID DOUILLET

Le nid est construit **dans un grand arbre ou dans le creux d'un rocher.** Imposant, large d'environ 70 cm, il est formé de branches, de feuilles et de terre. À l'intérieur, de la paille ou du foin forme un tapis douillet…
La femelle y pond **3 à 6 œufs, en mars-avril.** Ceux-ci sont très allongés, bleu-vert et mouchetés. L'éclosion a lieu 3 semaines plus tard et **les parents se relaient** pour nourrir leurs petits.

JEUNES COOL

Les **jeunes adorent vivre en groupe** avec d'autres jeunes corbeaux. Et même quand ils savent voler, ils restent encore avec leur famille.
Ils ont ainsi **le temps d'apprendre** tout ce que savent leurs parents avant de s'envoler pour de bon vers leur **vie d'adulte, à l'âge de 6 mois** environ.
Pour un oiseau, c'est tard !

+web salamandrejunior.org

Écoute l'un des nombreux cris du grand corbeau.

Photos : © Daniele Occhiato (p. 18-19) © Dick Forsman/Agami Photo Agency (p. 19h) - Alamy © David Pattyn - Nature Picture Library (p. 18), Mike Jones/FLPA/Minden Pictures - Biosphoto (p. 19b).

MÉSANGE & MULOT

C'EST RESTÉ OUVERT, QUELLE AUBAINE !
J'EN RATE PAS UNE MIETTE !
LE CORBEAU MANGE CE QU'IL TROUVE. MAIS IL CHASSE AUSSI. ET PUIS, C'EST LA NATURE !
23 PARC
CLAC !
?
AU SECOURS !
MÉSANGE ? QU'EST-CE T'AS...
OH, ÇA VA, MULOT, PAS DE COMMENTAIRE ! CHACUN SON TOUR ! VA PLUTÔT DEMANDER DE L'AIDE AU CORBEAU DERRIÈRE TOI !
LE CORBEAU ? ENCORE LUI ?
PAS SÛR DE CETTE IDÉE...
HEY, SALUT MON FREUX ! LA FORME ? C'EST MA POTE MÉSANGE QUI M'ENVOIE...
C'EST DES VIEILLES PEURS TOUT ÇA...
EN VRAI, CE SONT DES ESPÈCES FASCINANTES !

HMM...
F(T)=(V2T+X0-½GT2+VY+Y0)
AAH OUAIS, IL A L'AIR SUPER INTELLIGENT...
HMM... MÊME À DEUX, CE NE SERA PAS POSSIBLE. IL VA FALLOIR FAIRE APPEL À PLUS GRAND.
PLUS GRAND ?
KROÂA!
?
CE SONT DES OISEAUX TRÈS SOCIAUX, ILS APPRENNENT LES UNS DES AUTRES !
KRÔAA
QUOI ?
KRÔAA
KRÔAA
KRÔAA
KRÔAA
KRÔAA
AH D'ACCORD !
TU KRÔAA ?
GRAND CORBEAU !
KRÔA
UNE MISSION POUR TOI !
POURQUOI TU PRENDS CE CAILLOU ?
J'ANTICIPE ! ÇA PEUT SERVIR.
LES HUMAINS LES VOIENT SOMBRES ET TERNES ALORS QUE LES AUTRES OISEAUX LES VOIENT COLORÉS ! C'EST FOU, NON ?

Scénario et illustrations : Aurélien Cantou.

CRAPAUD ou

Identification

Classe : Amphibiens

Famille : Bufonidés

Taille : 5 à 9 cm (mâle), 8 à 11 cm (femelle)

Alimentation : insectes, limaces, vers de terre

Habitat : tout type d'habitat humide (bois, prairies, parcs, jardins)

UN BOUCLIER DE BOUTONS

Les pustules et les glandes parotoïdes du crapaud sont remplies de venin. Pratique pour éloigner les prédateurs ! Ce venin est sans danger pour nous (mais ne lui fais pas de bisou).

Voyageur

Eh non, le crapaud n'est pas le mâle de la grenouille ! Ce sont deux espèces d'amphibiens différentes. Il existe même plusieurs espèces de crapauds. Le crapaud commun est le plus célèbre. Le crapaud épineux lui ressemble beaucoup. Tu peux les observer facilement en ce moment, car c'est la saison de reproduction. Les crapauds parcourent jusqu'à 1 km pour trouver un partenaire et pondre dans une mare, un lac ou une rivière. Souvent, c'est là où ils sont nés !

Métamorphose

La femelle dépose dans l'eau 5 000 à 7 000 œufs noirs liés les uns aux autres en cordon. Après la ponte, les adultes repartent, chacun de son côté. Les œufs éclosent au bout de quelques jours et deviennent des têtards. Ils respirent alors sous l'eau. Puis, au bout de quelques semaines, leurs pattes poussent. Ils perdent leurs branchies et leur queue pour vivre sur la terre ferme.

GRENOUILLE ?

Identification

Classe : Amphibiens

Famille : Ranidés

Taille : 5 à 8,5 cm

Alimentation : insectes, larves, limaces, vers de terre

Habitat : tout type d'habitat humide (bois, prairies, parcs, jardins)

Première !

La grenouille rousse passe l'hiver à l'abri, enfouie dans la vase des mares ou sous les feuilles. Elle y reste 4 mois sans bouger, respirant lentement par la peau. Mais dès que les températures sont plus douces, c'est la première à rejoindre les lieux de reproduction, pour s'accoupler et pondre. Elle dépose jusqu'à 4000 œufs en amas, et non en cordon comme le crapaud commun. Autre différence : ses œufs sont blancs avec un petit point noir au centre.

UN VOYAGE DANGEREUX

Pour rejoindre leur site de ponte, grenouilles et crapauds doivent traverser des routes. Quel danger ! Tu peux les aider lors de l'opération Fréquence grenouille, qui a lieu du 1er mars au 31 mai 2025.

Nocturne

Comme les crapauds communs, les grenouilles rousses sont plutôt actives le soir, à la tombée de la nuit. Si tu veux les repérer, tends bien l'oreille : les mâles se rassemblent et coassent en chœur toute la nuit pour attirer les femelles… Approche-toi d'une mare ou d'une rivière, car leurs chants sont discrets. Tu auras aussi plus de chances de les voir bondir les soirs de pluie.

+web salamandrejunior.org

Apprends à différencier les crapauds des grenouilles en vidéo.

Photos : © Marek R. Swadzba – Shutterstock (p. 24), © Malcolm Schuyl – Alamy (p. 25).

LUC LE GRAND

sur la piste des lynx

Depuis 50 ans, le lynx a fait son retour en Suisse. La fondation KORA suit à la trace ce félin fascinant et silencieux.
Luc nous dévoile les secrets de son métier.

Âge
32 ans

Fonction
Biologiste et data manager

Employeur
Fondation KORA Écologie des carnivores et gestion de la faune sauvage

Ses missions ?
- ✓ Observer et compter les lynx
- ✓ Analyser les données de KORA

lieu
Suisse

info
kora.ch/fr

De quoi s'occupe la fondation KORA ?

Nous SUIVONS LES GRANDS CARNIVORES, comme le lynx, partout en Suisse. Nous utilisons des pièges photo et les signalements de promeneurs. Mais nous pouvons aussi équiper les lynx d'un GPS et observer leurs déplacements.

Est-ce facile de les reconnaître ?

Pas vraiment ! La robe du lynx est TACHETÉE ET UNIQUE, un peu comme une empreinte digitale. Mais ses taches ne sont pas symétriques. Il faut installer un piège photo de chaque côté du chemin, pour avoir les 2 profils de l'animal et l'identifier.

Pourquoi le lynx avait-il disparu de Suisse ?

Au XIXe siècle, il n'y avait plus de lynx en Suisse, car les forêts où ils vivaient avaient été DÉBOISÉES. Lui et ses proies avaient été aussi beaucoup CHASSÉS. À partir de 1971, une trentaine de lynx des Carpates (République tchèque) ont été réintroduits. Aujourd'hui, ils sont 300 !

Alors le lynx est sauvé ?

Leur nombre augmente, mais beaucoup ont LES MÊMES PARENTS. Résultat : c'est comme s'ils étaient tous cousins entre eux ! Dans ce cas, ils sont plus SENSIBLES À CERTAINES MALADIES. Et le retour du lynx ne doit pas faire oublier d'autres espèces en difficulté, comme le crapaud calamite.

Le piège photo se déclenche quand un animal passe devant.

Quelle est votre plus belle rencontre avec un lynx ?

Un soir, je me suis assis devant un piège, pour regarder les photos. Quelques minutes avant, un lynx s'était assis au même endroit. Il avait regardé directement dans l'objectif, comme j'étais en train de le faire. Le temps d'une seconde, JE ME SUIS SENTI LYNX.

4200
C'est le nombre d'observations de lynx recensées par KORA en 2023. Mais attention : un lynx peut être vu plusieurs fois ! En réalité, il n'y en a que 300 en Suisse.

Photos : © KORA.

9 400 lynx en Europe

Dans un rapport publié en juin 2024, la LCIE (Large Carnivore Initiative for Europe) a compté tous les lynx européens.

- Les lynx vivent surtout en Scandinavie.
- Leur population augmente doucement un peu partout, sauf dans les Balkans (Grèce, Albanie, Croatie), où ils sont peu nombreux et isolés.

+web salamandrejunior.org

Découvre comment filmer un lynx avec Yasin, 16 ans.

COQUILLAGES et crustacés

L'INTRUS PLUMÉ

TOUS LES OISEAUX VONT PAR 2 SAUF UN : LE COURLIS. TROUVE-LE.

LE COMPTE EST BON ?

IL Y A 2 FOIS PLUS DE CRABES VERTS QUE DE TOURTEAUX. VRAI OU FAUX ?

SUDOKU DE PLAGE

COMPLÈTE LE SUDOKU. MOULE, BIGORNEAU, TURRITELLE ET COUTEAU : CHACUN DOIT APPARAÎTRE UNE SEULE FOIS PAR LIGNE, PAR COLONNE ET PAR CARRÉ.

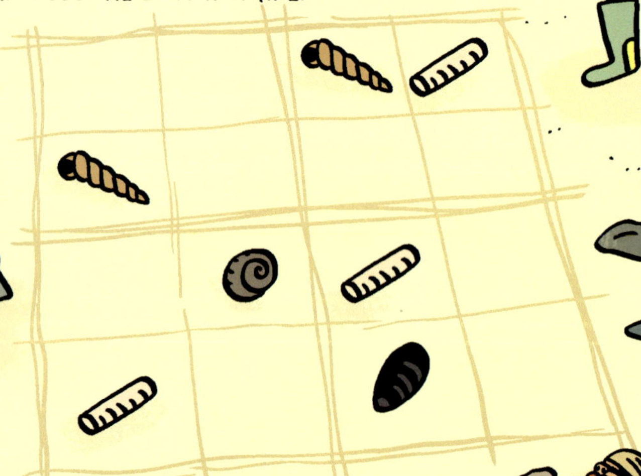

VU !

OÙ SE TROUVE LE BERNARD-L'ERMITE ? IL SE CHERCHE UNE NOUVELLE COQUILLE SUR LA PLAGE.

PHOTO DE VACANCES

QUELLE PHOTO D'HÉLOÏSE N'A PAS ÉTÉ PRISE SUR LA PLAGE ?

Illustrations : Loïc Méhée.

SOLUTIONS P. 32

de février 2025

Salut Sam,
Quand les oiseaux migrent, comment savent-ils où aller ?

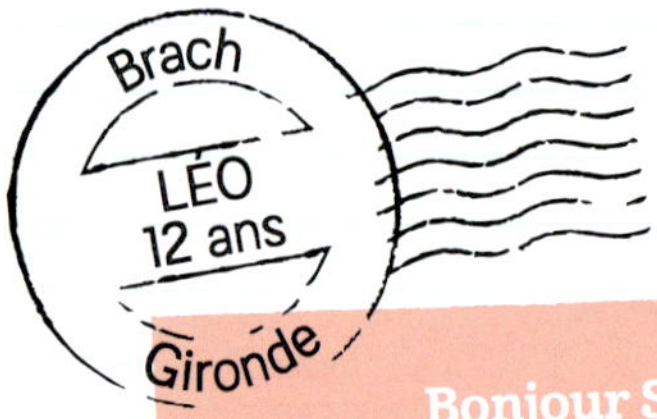

Bonjour Sam,
Est-ce que le plancton dégage de l'oxygène ?

Bonjour Ritvik,

Le voyage des oiseaux migrateurs est un phénomène extraordinaire qu'on comprend depuis peu. Certains se repèrent grâce aux paysages, aux villes, aux rivières, aux collines... Comme s'ils lisaient une carte. D'autres utilisent le soleil ou... les étoiles quand ils volent de nuit. Et d'autres encore sont sensibles aux champs magnétiques de la Terre. Un peu comme s'ils avaient une boussole dans leur tête ! Actuellement, c'est le moment parfait pour les observer : à partir de février, ils sont de retour pour faire leur nid. Tu peux suivre leur trajet en direct sur le site eurobirdportal.

grue cendrée

cigogne blanche

Bonjour Léo,

On appelle « plancton » l'ensemble des êtres microscopiques qui vivent en suspension dans l'eau, aussi bien dans les rivières que dans les océans. Il y a le zooplancton, composé de minuscules animaux, et le phytoplancton, composé de minuscules végétaux. Le seul « plancton » à produire de l'oxygène est le phytoplancton. Car, comme toutes les plantes, il absorbe du dioxyde de carbone et, grâce à l'énergie solaire, il le transforme en sucres. C'est la photosynthèse. Lors de ce procédé, il rejette de l'oxygène.

Je réponds à tout le monde !

Toi aussi, écris-moi !

Si tu veux me poser une question ou partager une photo, écris-moi sur la rubrique Forum de notre site. Tu peux aussi m'envoyer un mail ou un courrier. Si ton message est publié, tu seras récompensé par un cadeau surprise !

France et Belgique
Salamandre Junior
34, boulevard Lazare-Carnot
31000 Toulouse

Suisse
Salamandre Junior
Rue du Musée 4
2000 Neuchâtel

Par mail samjunior@salamandre.org

Villemoirieu
ÉMIE
12 ans
Isère

Bonjour Sam,
Des oiseaux viennent se cogner à notre fenêtre ou notre baie vitrée et souvent, malheureusement, ils en meurent. Aurais-tu des conseils pour prévenir ce genre d'accident ?

Bonjour Émie,

Mince ! Quand la vitre reflète la végétation alentour, les oiseaux risquent de s'y assommer, car ils essaient de se poser sur les reflets des branches. Essaie de coller sur les fenêtres des silhouettes d'oiseaux ou tout autre motif qui montrera aux oiseaux qu'il y a un obstacle. Tu peux aussi dessiner directement sur la vitre (par exemple avec du blanc de Meudon) ou pendre des mobiles devant. Évite aussi de mettre des plantes directement derrière la baie vitrée.

MARGOT
10 ans

Chère Sam,
Comment les vers de terre respirent-ils ?

Bonjour Margot,

Le ver de terre n'a pas de poumons comme toi. Il respire à travers sa peau fine et humide. L'oxygène se diffuse directement depuis la surface de sa peau jusque dans ses minuscules vaisseaux sanguins. Et ce n'est pas la seule particularité de sa peau ! Elle est recouverte de photorécepteurs qui détectent la lumière et qui permettent ainsi au ver de terre de se repérer aussi bien en surface que sous terre… Étonnant, non ?

Photos : © Piotr Krzeslak - Adobe stock (p. 30gb) - © anyaivanova - iStock (p. 30 db). © Amit Kumar1/Wirestock (p. 31).

Délai concours : 31 mars

Dessine l'affiche d'un film d'horreur avec une mante religieuse dans le rôle principal.

Format maximal : 21 x 30 cm

Le 2 avril, va vite voir si tu fais partie des gagnants !

Tu peux poster directement ton dessin sur la rubrique Concours de notre site. C'est plus simple et rapide ! Ou me l'envoyer par mail à samjunior@salamandre.org ou par courrier en indiquant tes nom, prénom, âge et adresse.

+web salamandrejunior.org

EN AFFÛT ! Exposition

Rencontre les mystérieux habitants de nos forêts avec le photographe et cinéaste animalier Vincent Munier. Photos, films, ambiance sonore, cette exposition immersive te plonge dans la peau d'un naturaliste en affût.

En forêt avec Vincent Munier, musée des Confluences à Lyon, jusqu'au 27 avril 2025.

L'ENCYCLO DE LA FRANCE Documentaire

Nature, paysages, faune, flore, mais aussi gastronomie, traditions et architecture : une encyclopédie super complète pour faire le tour de France et comprendre pourquoi il faut préserver la biodiversité.

J'explore la France et ses merveilles, de Justine de Lagausie, septembre 2024, Casterman, en partenariat avec les Parcs naturels régionaux.

GRAINES MAJESTUEUSES Documentaire

Au gré du vent, au fil de l'eau ou avec l'aide des animaux, chaque graine a sa stratégie pour se déplacer… Dans ce livre, tu découvriras les aventures des graines et apprendras à les reconnaître grâce à des illustrations aussi belles que précises.

L'Odyssée des graines, de Cruschiform, octobre 2024, Gallimard jeunesse.

SOLUTIONS des jeux

Pages 28-29

LE COMPTE EST BON

FAUX. IL Y A 9 CRABES VERTS ET 7 TOURTEAUX.

PHOTO DE VACANCES

Coquillages et crustacés

L'INFO DU MOMENT

Cap d'éteindre la lumière ?

Le 22 mars à 20 h 30 a lieu l'*Earth hour*, qui veut dire « une heure pour la Terre ». Dans le monde entier, chacun est invité à couper l'électricité pendant une heure. Le but ? Montrer combien il est essentiel d'économiser l'énergie pour protéger la planète.

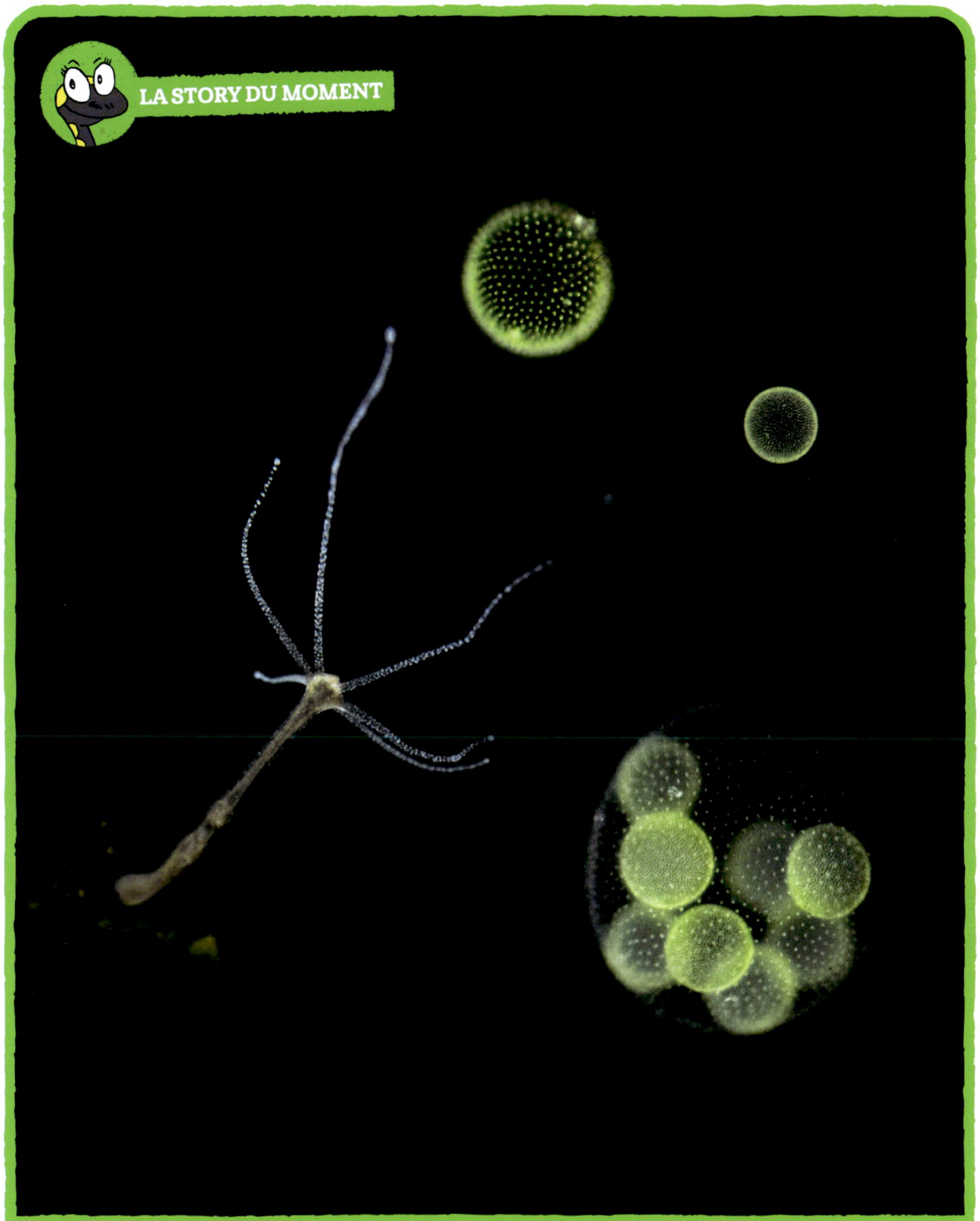

Vers l'infini et… le tout petit !

Ces créatures 👾 ont une drôle d'allure, non ? Elles vivent près de toi, dans une mare. C'est une hydre avec des volvox, des algues. Cette photo est extraite d'*Odyssée mare*. Ce film de Léa Collober plonge dans ce monde infiniment petit. Il a gagné le grand prix 2024 du festival du film animalier de Ménigoute.

salamandre JUNIOR 8-12 ans

N° 158 Février - mars 2025
26e année, bimestriel

Adresse Suisse
Salamandre Junior
Rue du Musée 4, 2000 Neuchâtel
Tél. : 032 710 08 25
info@salamandrejunior.org

Adresse France
Service Abonnement Salamandre
20 rue Rouget-de-Lisle
92130 Issy-les-Moulineaux
Tél. : 01 86 70 01 74
serviceclient@salamandre.org

Adresse Belgique et Luxembourg
Salamandre Junior / Forêt.Nature asbl
Rue de la Plaine, 9
B-6900 Marche-en-Famenne
Tél. : 084 313 116
info@salamandrebelux.org

Directeur de la publication *Julien Perrot*
Rédactrice en chef *Agnès Barber*
Rédactrice en chef adjointe *Émilie Teixeira*
1re secrétaire de rédaction *Sandra Laboucarie*
1re rédactrice graphiste *Pauline Maury*
Graphistes *Laura Sevennes, Héloïse Bar*
Conseillers scientifiques
Juliette Sirand, Théo Tzélépoglou
Conseillère pédagogique
Vanessa Aleyrangues
Correctrice *Claire Debout*
Illustrateur mascotte *Éric Gasté*
Co-directeur *Baptiste Pfeiffer*
Promotion et partenariats
Vanessa Grémaux, Jessica Maroulis, Charlotte Grimm, Hélène Huyghe, Silvia D'Angelo, Lionel Beutler
Abonnements et administration
Mélanie Schafter Contini, Elsa Zilio Mathieu Reber, Martine Moulin, David Tensi, Vincent Palivoda, Lisa-Marie Richard-Bayet
Imprimeur *L'Imprimeur Simon (France)*
ZI rue Noirichaud, 25290 Ornans
Salamandre Junior *(encart compris) est imprimée avec des encres sans COV. Papier Symbol Freelife silk, origine Italie, 50 % de fibres recyclées, eutrophisation (P tot) 0,0046 kg/T.*
Loi n° 49-956 du 16 juillet 1949 sur les publications destinées à la jeunesse.

IMPRIM'VERT®

FSC www.fsc.org MIXTE Papier issu de sources responsables FSC® C041192

salamandre
Les éditions de La Salamandre Sàrl
Adresse Suisse
Rue du Musée 4, 2000 Neuchâtel
Adresse France
BP 75 - ZI rue Noirichaud
25290 Ornans
Dépôt légal à parution
N° ISSN 2297-5055
N° CPPAP 0924 K 82513

BOUTIQUE SALAMANDRE

ORNITHORAMA

DÈS 8 ANS

De quoi se nourrit le merle noir ? Que faut-il savoir avant de partir observer les oiseaux ? Pourquoi certains migrent et d'autres pas ? Apprends à reconnaître les oiseaux qui nichent près de chez toi et découvre des histoires étonnantes à leur sujet à travers un panorama riche en illustrations et anecdotes !

Format : 18 x 25 cm,
208 pages
Un livre Helvetiq

BOÎTE DE RANGEMENT SALAMANDRE JUNIOR

Avec cette jolie boîte, pars explorer la nature en compagnie de Sam, Pouldo, Krap et Lib. Idéale pour ranger jusqu'à 12 revues et bien d'autres trésors. Au dos, découvre des blagues, des devinettes et plein de jeux pour s'amuser !

Format : 31,5 x 23 x 7 cm
Un produit Salamandre

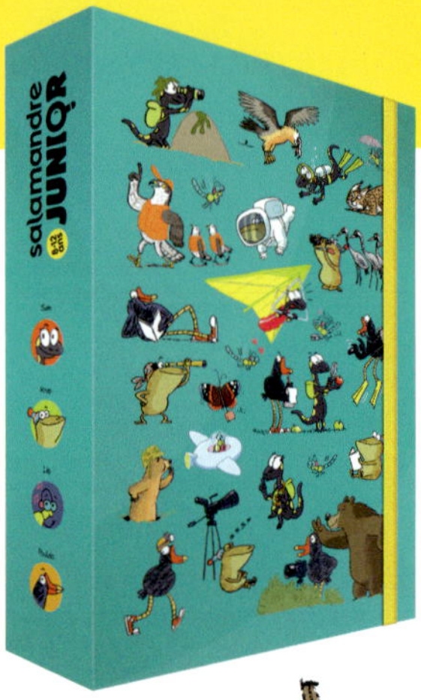

Pour les petits et les grands

LES BÊTES QUI VOLENT... AVEC OU SANS PLUMES

Que disent les oiseaux quand ils chantent ? Le poisson volant vole-t-il vraiment ? Comment les chauves-souris font-elles pour voler sans plumes ? Les papillons migrent-ils ? 50 questions et réponses captivantes pour ne plus parler en l'air d'animaux qui fascinent petits et grands.

Format : 14 x 18 cm,
104 pages
Un livre Salamandre

LES PETITS LIVRES DE LA NATURE OISEAUX DES VILLES

La ville abrite une étonnante diversité de rapaces, pinsons, mésanges... Ce petit guide ultracompact t'invite à mieux connaître tous ces oiseaux qui vivent aussi dans nos villes.

Format : 10 x 13,5 cm,
80 pages
Un livre Salamandre